이 책의 한국어판 저작권은 신원 에이전시를 통해 Editions Albin Michel Jeunesse와의 독점계약으로 계림북스쿨에 있습니다.
신 저작권법에 의해 한국 내에서 보호를 받는 저작물이므로 무단전재 및 복제를 금합니다.

Portraits de Héros de la Renaissance

By Anne Jonas (text) & Rozen Brécard, Olivier Charpentier,
Marianne Maury and Lucile Prache (Illustrations) c/o Editions Albin Michel Jeunesse

Copyright © 2002 Mila éditions
Korean Translation Copyright © Kyelim Bookschool Pub. Co., Seoul. 2005
This Korean edition was published by arrangement with Editions Albin Michel Jeunesse, Paris
through Shin Won Agency, Seoul.

이 책의 한국어판 저작권은 신원 에이전시를 통해 Editions Albin Michel Jeunesse와의 독점계약으로 계림북스쿨에 있습니다.
신 저작권법에 의해 한국 내에서 보호를 받는 저작물이므로 무단전재 및 복제를 금합니다.

르네상스의 영웅들

픽처스터디 012

르네상스의 영웅들

초판 1쇄 인쇄 2005년 1월 5일 | 초판 1쇄 발행 2005년 1월 15일

글 · 안느 조나스 | 그림 · 로젠 브레카르, 올리비에 샤르팡티에, 마리안느 모리, 뤼실 프라슈 | 옮긴이 · 이효숙
펴낸곳 · 계림북스쿨 | 펴낸이 · 천부덕 | 등록 · 제1-1122호
편집인 · 이순영 | 편집책임 · 김정화 | 디자인책임 · 투피피 | 제작책임 · 홍진의
주소 · 서울시 종로구 평동 13-69 | 전화 · 02-722-5373 | 팩스 · 02-723-3092
홈페이지 · www.ibookschool.com

ISBN 89-89427-48-7 77920

픽쳐스터디 012

글 | 안느 조나스
프랑수아 시렐에게 고마움을 전하며…

그림 | 로젠 브레카르
올리비에 샤르팡티에
마리안느 모리
뤼실 프라슈

옮긴이 | 이효숙

계림북스쿨

"인간보다 더 훌륭한 건 볼 수 없다."
피코 델라 미란돌라 : 이탈리아 인문주의자 (1463~1494)

중세가 끝나갈 무렵, 유럽에서는 '르네상스'라는 재미난 이름이 붙여진 시대가 시작되었어요. 15세기에서 16세기까지 이어지는 이 기간 동안에 유럽은 커다란 변화를 겪게 된답니다. 그 중에서도 가장 두드러지는 것은 사람들이 자기 자신과 자신을 둘러싼 세계에 대해 끝없는 호기심을 가졌다는 점이에요.

그래서 르네상스 시대에 살던 사람들은 무엇보다 자기 몸과 생각의 신비로움, 그리고 우주의 신비에 대해서 이해하려고 애썼어요. 다른 한편으로는 이미 알고 있는 세계가 갖고 있는 한계를 뛰어넘어 보려고 애썼지요. 르네상스 시대의 사람들은 미래에 대해서 이렇게 열려 있었어요. 뿐만 아니라 아주 오랜 과거의 흔적들을 찾기도 했고, 고대 그리스 로마 문명 때의 작품들에 대해 열정을 보이기도 했답니다. 그러니까 르네상스가 탄생하고 꽃핀 곳은 과거의 수많은 유적들을 간직하고 있는 이탈리아 땅이었습니다.

르네상스는 곧 유럽 전체로 퍼져 나가게 된답니다. 르네상스 운동은 '새로 태어난다.'라는 의미를 가지고 있어요. 이 기간 동안 어떤 사람들은 아주 적극적으로 르네상스 운동에 앞장섰어요. 이런 사람들 덕분에 국경 너머 다른 나라들로도 그들의 지식이나 예술, 또는 새로운 발견들이 활발하게 전해지게 되었어요. 이런 일은 특히 인쇄물을 통해서 더 많이 이루어졌죠. 유럽의 활자 인쇄술은 15세기 중반 구텐베르크에 의해 발명되었어요.

르네상스 운동은 세계에 대해 이런 새로운 시각을 가지고 있었어요. 당시의 교회는 이러한 새로운 생각에 대한 대화을 거부하면서 강하게 맞섰고, 결국 르네상스 운동은 교회의 권위를 시험대에 올려놓게 되었어요. 그래서 안타깝게도, 열광적인 희망에 사로잡혔던 르네상스 시대도 갈등이나 잔인한 일들을 겪을 수밖에 없었답니다. 그 중에는 끔찍한 종교 전쟁이나 신대륙에서 일어난 인디언 학살 같은 일들이 끼여 있어요.

피렌체

도시국가들로 이루어진 이탈리아

르네상스 초기에 이탈리아는 유럽에서 가장 부유한 나라였답니다. 이탈리아는 도시국가들이 각각 독립된 정부를 갖고 모자이크처럼 짜여져서 이루어진 나라였어요. 전 세계를 상대로 장사를 하던 도시인 피렌체에는 그 당시 은행이 서른 개도 넘게 있었답니다! 피렌체 은행들은 왕이나 교황에게까지 돈을 빌려 주었어요.

이렇게 부유한 피렌체는 예술가들의 창작 활동에 상당히 큰 도움을 주었답니다.

창작 활동에 대한 후원

이탈리아의 각 도시국가들은 예술 창작 활동 때문에 이웃 나라와 늘 크고 작은 다툼을 했어요. 각 도시국가의 군주들은 가장 아름다운 작품을 가지고 싶어 하거나, 가장 화려한 건물을 짓게 하고 싶어 했기 때문이죠. 예술은 스스로를 명예롭게 하거나 자신을 경쟁자들보다 더 두드러지게 하는 방법 중 하나였거든요. 그래서 각 나라의 도시에서 권력을 쥔 세도가들은 그 시대에 가장 훌륭한 예술가들을 자기 보호 아래 두고서 그들을 후원해 주었답니다. 15세기 말에 피렌체를 통치했던 로렌초 데 메디치는 이탈리아에서도 가장 큰 후원자 가운데 한 사람이었지요.

로렌초 데 메디치

예술가들의 새로운 위상

중세에는 예술가들을 그저 기술자 정도로 여겼어요. 주문받은 작품을 시키는 대로 만들어 주는 데 그쳤고, 자기 작품에 서명할 생각조차 못 했었지요. 르네상스 시대에는 화가들, 조각가들, 건축가들의 위상이 완전히 바뀌게 돼요. 이제 그들은 자기만의 스타일을 갖는 예술가 개인으로 대접받았어요. 군주들은 명성이 높은 예술가들에게 자기 일을 맡기고 싶어서 서로 싸우곤 했답니다.

레오나르도 다 빈치

1452년 4월 15일,
피렌체 근처 빈치라는 작은 마을의 한 농가에서 젊은 여인이 아들을 낳게 돼요. 그 순간에는 이 사생아가 모든 시대를 통틀어 가장 위대한 천재가 될 것이라고는 전혀 예상할 수 없었지요. 이 아이의 이름은 레오나르도 다 빈치랍니다.

레오나르도 다 빈치는 그 시대의 가장 위대한 화가로만 그치는 게 아니에요. 다 빈치는 평생 모든 것을 알고 싶어 했고, '다방면에서 박식한 사람'이 되기 위해 모든 것을 겪어 보고 싶어 했어요. 수천 장의 종이를 새까맣게 채우면서 수백 개의 기계들을 상상해 냈어요. 하늘을 나는 기계, 낙하산, 잠수함, 또는 자동 꼬치 회전기 같은 것조차 말이에요. 그리고 이상적인 도시에 대한 계획을 세우거나 유럽과 아시아를 잇는 다리를 세우고자 하는 계획을 실현하려는 꿈도 꾸었죠. 그의 호기심은 끝이 없어서 사람 몸의 비밀을 발견하기 위해서 시체 해부까지도 했답니다.

"많은 분야에서 재능이 있는 사람"

화가, 조각가, 건축가, 엔지니어, 식물학자, 해부학자, 물리학자, 음악가, 천문학자 등 레오나르도 다 빈치는 살아 있는 내내 온갖 분야를 두루 거쳤던 예술가이자 학자였어요. 하지만 그가 생을 마친 곳은 프랑스였어요. 프랑수아 1세 왕의 초청을 받아 '왕의 최고 화가, 엔지니어 겸 건축가'라는 칭호를 받은 뒤였지요. 만족할 줄 모르는 호기심을 가진 이 대단한 사람은 1519년에 앙부아즈 성 근처에 있는 자기 집 클로-뤼세에서 숨을 거두었답니다.

아틀리에에서의 수련

15세기에는 예술가들을 위한 학교가 없었어요. 젊은 화가 레오나르도는 이탈리아의 유명한 화가들 중 하나인 베로치오의 아틀리에에서 그림 공부를 하게 되었어요. 유화는 당시에 새로운 그림 기법이었죠. 광물성 색소와 아마인 기름을 섞으면 아주 천천히 마르는 이점이 있어요. 그래서 여러 차례 덧칠할 수가 있답니다.

자연을 그리기

르네상스 시대의 많은 화가들처럼 다 빈치도 자연을 그렸어요. 연필과 펜으로 그린 꽃들을 잘 보면 그가 얼마나 꼼꼼하게 그림을 그렸는지 알 수 있어요.

모나리자

다 빈치는 '보이지 않는 것'을 그려내는 데 특별한 재능이 있었어요. 다 빈치에게 그림이란 '느껴지는 대신 보여지는 시'였지요.

모나리자(라 조콘다)는 여러 말할 것도 없이 세계에서 가장 유명한 그림 중 하나예요. 루브르 박물관에 전시되어 있는 이 그림을 보기 위해 전 세계에서 몰려든 방문객들은 수수께끼 같은 그 미소에 감탄을 금치 못한답니다.

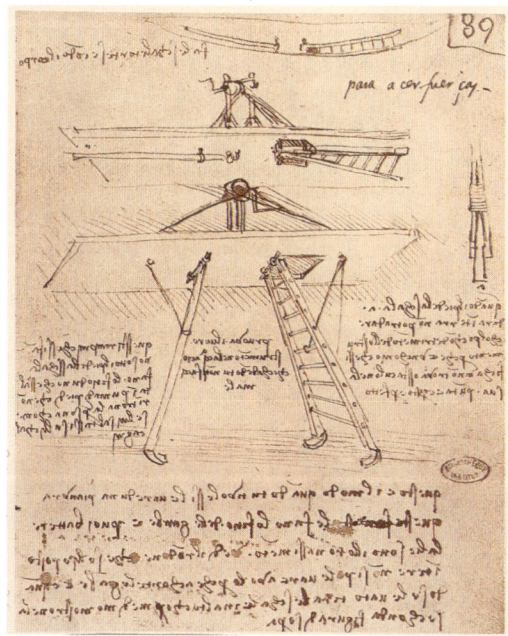

하늘을 나는 기계

다 빈치가 인간도 날아다닐 수 있다고 생각하게 된 건 새를 관찰하면서 그런 걸까요? 아마도 그럴 거예요. 왜냐하면 이 위대한 예술가는 평생 끊임없이 관찰하면서 자기를 둘러싼 세계를 그렸거든요. 다 빈치는 무수히 많은 것들을 연구했는데, 유명한 나는 기계를 그린 크로키들을 포함해 연구한 것을 그린 수천 점의 크로키들이 우리 세대까지 전해집니다.

프랑수아 1세

프랑수아 1세가

왕위에 오른 것은 겨우 스무 살 때였어요. 그렇지만 벌써 정복과 영화를 꿈꾸고 있었지요. 1515년에 마리냥 전투에서 승리한 덕분에 프랑수아 1세에게 이탈리아와 밀라노 공국으로 통하는 문들이 열렸어요. 하지만 이 젊은 왕은 야망의 깃발들을 더욱 높이 올렸어요. 신성 로마 제국의 황제가 되고 싶어 한 거랍니다.

그러나 애석하게도

황제가 된 사람은 에스파냐의 카를로스 1세였어요. 그는 카를 5세라는 이름으로 신성 로마 제국 황제의 자리에 올랐지요. 1521년에 프랑수아 1세는 카를 5세에게 전쟁을 선포했어요. 그로부터 4년 뒤, 프랑수아 1세는 이탈리아의 파비아에서 적에게 붙잡히기도 했답니다. 이런 일을 겪었지만 다시 풀려난 뒤에도 이탈리아 정복을 포기하지 않았어요. 프랑수아 1세는 1535년에 그토록 갖고 싶은 땅을 정복하려는 시도를 다시 한 번 했어요. 하지만 계속 지기만 했어요. 결국 1535년에 평화 조약을 맺게 된답니다. 프랑수아 1세는 이탈리아를 통치하지는 못했지만 여전히 이탈리아의 문화와 생활 방식을 굉장히 좋아했어요. 그래서 이탈리아 예술가들을 자기 왕궁으로 많이 초청했는데, 그 중에 레오나르도 다 빈치도 있었지요. 예술가들과 작가들을 열렬히 보호하던 프랑수아 1세에게 '인문학의 아버지'라는 별명이 붙여졌을 정도예요. 프랑수아 1세는 프랑스 학술원인 '콜레주 드 프랑스'를 만들어서 라틴어, 그리스어, 히브리어를 가르치게 했어요. 1539년에는 빌레르-코트레 칙령을 공포했답니다. 이 칙령은 주민등록이나 법 조문같이 판사나 공증인이 쓰게 되는 모든 글들을 프랑스어로 쓰도록 정해 놓았어요. 프랑수아 1세는 30년 동안 통치한 뒤 1547년 (파리에서 멀지 않은) 랑부예 성에서 숨을 거두었답니다.

"왜냐하면 그게 우리의 즐거움이니까."

샹보르 성

건축가 프랑수아 1세
프랑수아 1세는 성을 여러 채 짓게 했는데, 그 중의 하나가 샹보르 성이에요. 왕은 어떻게 해서라도 이탈리아의 모습을 다시 만들어 내려 했어요. 커다란 창문이나 공원과 정원이 그 특징이죠.

불도마뱀
프랑수아 1세의 문장(紋章)

프랑수아 1세는 그 많은 거처들을 돌아다니며 신하들과 더불어 끊임없이 축제를 벌이며 호화로운 생활을 했답니다.

에스파냐 왕, 카를 5세
프랑수아 1세의 철천지원수였던 카를 5세는 1519년에 신성 로마 제국의 황제가 되었어요. 너무나 넓어서 결코 해가 지지 않는다고 하던 제국의 황제가 된 거예요. 에스파냐, 네덜란드, 프랑슈-콩테(현재는 프랑스의 동부 지방), 독일과 이탈리아의 일부, 게다가 아메리카 대륙의 반이 카를 5세의 통치하에 있었어요!
"언제나 더 멀리"를 좌우명으로 삼던 이 황제는 1556년에 황제의 자리를 물려주었어요. 그리고 나머지 인생은 에스파냐의 한 수도원에 은둔하며 시계 만들기와 정원 가꾸기로 시간을 보냈답니다.

영국 왕 헨리 8세
지성과 교양이 풍부했던 헨리 8세도 르네상스 시대의 훌륭한 왕들 중 한 명이었어요. 어깨가 아주 넓어서 인상적이었던 이 왕은 싸움 대회도 좋아했을 뿐만 아니라 시인이었고, 류트라는 악기도 연주를 잘했어요. 언어도 네 가지나 말할 줄 알았어요. 헨리 8세는 38년 동안 무쇠 같은 손으로 나라를 이끌어 갔으며 결혼을 여섯 번이나 했답니다. 그리고 자기 왕국의 국민들에게 새로운 신교인 성공회를 믿도록 강요했어요.

금실로 짠 천막
카를 5세와 맞서기 위해 프랑수아 1세는 튼튼한 연합 세력이 필요했어요. 그래서 1520년 봄에 헨리 8세를 초청하여 금실로 짠 천막에서 회담을 했답니다. 프랑수아 1세는 손님을 맞기 위해 백여 개의 천막을 세우게 했는데, 그 중에서 가장 큰 천막에는 금실로 짠 천이 드리워졌어요.

여러 차례 잔치를 벌이면서 두 왕은 창 싸움도 하고, 경기도 하고, 맨손으로 격투도 벌인 뒤에 드디어 협약을 맺었어요. 그런데 겨우 3주 뒤에 헨리 8세는 카를 5세와 다른 협약을 맺어 버렸답니다.

항해왕 엔리케

1394년 포르투에서 태어난 이 포르투갈 왕자는 평생 단 하나의 꿈만을 좇았어요. 아프리카 해안을 죽 따라가면서 인도양으로 통하는 새 항로를 찾는 일이었답니다.

스물두 살이 되었을 때 엔리케 왕자는 포르투갈의 남서부에 위치한 사그레스 만(灣)에 은둔하여 지도제작자들, 천문학자들, 그리고 뱃사람들을 모았어요. 자기 도서실에는 항해자들이 쓴 기록들, 지도들, 지리에 관한 책들을 쌓아 놓았지요. 그러고 나서 별들의 도움으로 자기 위치를 확인하는 법을 선원들에게 가르쳐 주기 위해 천문대를 세우게 했어요. 1420년부터 엔리케 왕이 지원하는 원정 함선이 해마다 포르투갈 해안을 떠나 바다로 돌진했어요. 이 항해들을 통해 마데이라 군도, 아소레스 군도, 그리고 세네갈의 해안들도 발견했지요. 이런 탐험이 있을 때마다 포르투갈 선원들은 2미터 높이의 기둥들을 세워 놓는 관습이 있었어요. 프라도에스(pradoes)라고 불리는 이 기둥들은 그곳이 포르투갈 왕의 새로운 소유지라는 것을 표시하기 위한 것이었지요. 어떤 사람에 의해 아프리카 대륙 끝에 도달하게 된 것은 엔리케 왕자가 숨은 지 27년 뒤인 1460년의 일이에요. 1488년에는 바르톨로뮤 디아스라는 항해자가 희망봉을 발견했지요. 그런데 사실 그는 이 원정 때 겪은 고생 때문에 처음에는 '고통의 곶'이라고 했었답니다.

"항해왕이라는 별명을 얻은 엔리케 왕자는 실제로는 단 한번도 항해한 적이 없었지."

바스코 다 가마

1498년에 포르투갈의 바스코 다 가마라는 항해자가 리스본을 떠나서 아프리카를 빙 돌아 인도양을 횡단하여 인도의 해안에 닿았다가 출발지인 리스본 항구에 도착했어요. 배에는 향신료와 금을 잔뜩 싣고서 말이에요. 거의 2년이나 걸렸던 이 항해는 포르투갈 사람들의 무역과 관련해서 아주 대단한 모험으로 기록되고 있어요. 그렇게 해서 리스본은 유럽에서 가장 부유한 수도가 되었답니다.

크리스토퍼 콜럼버스

이탈리아 출신인 크리스토퍼 콜럼버스는 인도로 가는 새 항로를 찾기를 희망했어요. 하지만 프랑스 왕과 포르투갈 왕이 그의 계획을 받아들이지 않았어요. 그러다가 결국 에스파냐의 이사벨 데 카스틸라 여왕의 후원 덕분에 항해를 시작하게 되었어요. 1492년 8월 3일 빠르게 달리는 세 척의 범선을 이끌고 콜럼버스는 33일 동안 항해를 한 뒤에 바하마에 도착을 하는데, 거기가 일본의 바다일 거라고 생각했답니다! 그 이후에도 네 차례 항해를 한 콜럼버스는 자기가 발견한 땅이 아메리카 대륙이라는 사실을 끝내 알지 못한 채 1506년에 죽음을 맞게 되어요. 아메리카라는 이름은 다른 이탈리아 항해자인 아메리고 베스푸치의 이름에서 비롯된 것이랍니다.

크리스토퍼 콜럼버스

바스코 다 가마

마젤란

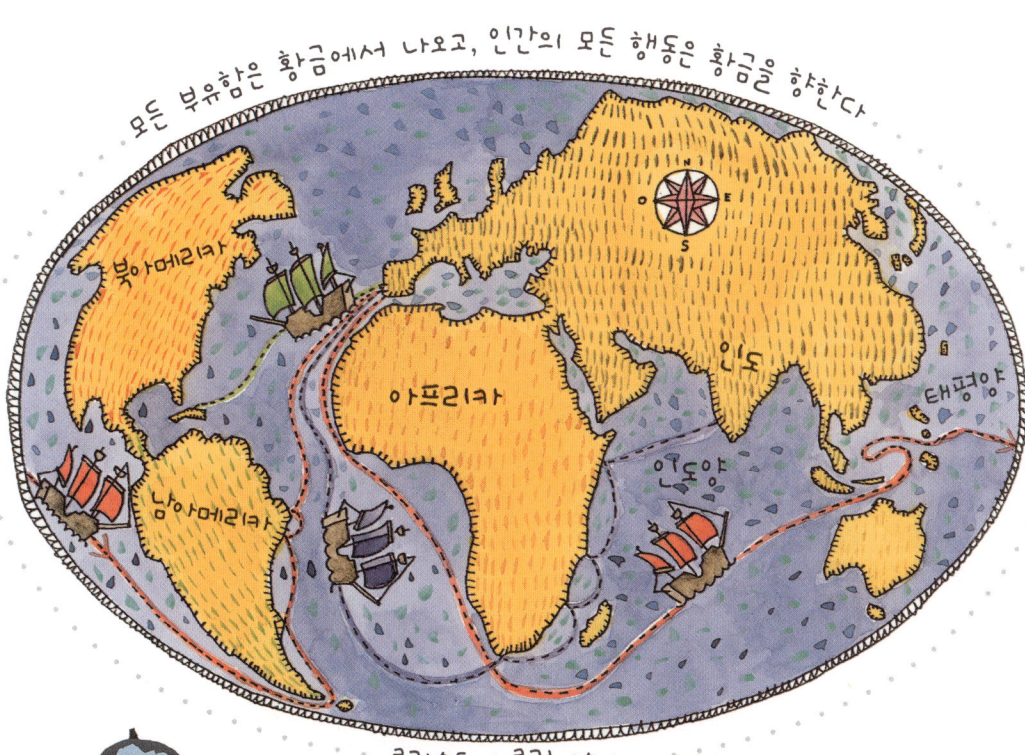

마젤란

1519년에 마젤란은 범선 다섯 척을 이끌고 에스파냐 남쪽 항구를 떠났어요. 마젤란은 그 누구도 완수하지 못한 일을 하게 된답니다. 세계 최초로 지구를 한 바퀴 돌게 된 거예요. 3년도 넘게 항해를 한 뒤 1522년 9월 6일에 다섯 척의 범선 중 한 척만이 출발점으로 돌아왔어요. 떠날 때 265명이던 선원들 중 살아 돌아온 사람은 겨우 열여덟 명이었답니다. 마젤란은 1521년에 필리핀 군도 중 한 섬에서 주민들에 의해 죽었지요.

'부자'라 불리던 야콥 푸거

1519년, 미래의 카를 5세의 가장 큰 소원은 신성 로마 제국의 황제가 되는 것이었어요. 당시에는 자기를 뽑아 준 표에 대한 대가를 치러야 했기 때문에, 황제가 되기 위해서 카를 5세는 85만 플로린이라는 큰돈을 내야 했어요. 자기 재산으로는 이만한 돈을 낼 수 없어서 그 돈의 반 이상을 가장 부자였던 사업가에게서 빌려야만 했죠. 카를 5세에게 돈을 빌려 준 사람은 야콥 푸거였는데, 사람들은 그를 '부자 야콥'이라 불렀어요.

독일 아우크스부르크 무역상인의 둘째 아들로 태어나서 포목, 견직물, 향신료 등을 팔아 재산을 모은 야콥 푸거는 원래 가톨릭 교회의 신부가 되려고 했었어요. 하지만 이 계획을 곧 포기하고 열아홉 살에 아버지의 사업을 함께 하려고 돌아왔어요. 야콥 푸거는 베니스와 인스부르크, 그 외의 여러 도시들에서 일했어요. 그리고 그 후 서른네 살 때부터 자기 가족의 사업을 관리하게 되었어요. 많은 특혜를 받는 대가로 푸거는 당시의 유명인사들에게 돈을 빌려 주었어요. 그래서 오스트리아의 막시밀리안 황제도 전쟁에 드는 돈을 정기적으로 푸거에게 부탁했답니다.

이렇게 도움을 준 덕분에 푸거는 헝가리의 구리 광산을 채굴하거나 독일에서 소금을 독점으로 팔 수 있었어요. 그렇게 해서 얻은 수익이 굉장했고, 이 덕분에 또다시 돈을 빌려 주어 또 새로운 혜택을 입게 되었어요.

이 대단한 사업가는 자신의 유산 상속자들에게 전 유럽을 영역으로 하는 무역 제국을 남겨 놓고 1525년에 숙었답니다.

> "내가 없었더라면 황제께서는 로마의 왕관을 얻지 못했을 것이 분명하고, 이는 누구나 다 아는 사실입니다."
>
> 야콥 푸거가 카를 5세 황제에게

아메리카 대륙의 금

신대륙을 발견하고 그곳에서 가져온 풍부한 자원 덕분에 르네상스는 경제 활동이 활발해진 시기였어요. 16세기에 금과 은을 싣고 유럽으로 오기 위해 대서양을 건넌 배가 11,500척이나 되었어요. 그래서 1535년부터 1600년까지 유럽에서 유통되는 귀금속이 스무 배로 늘어났답니다!

흑인 노예 무역

1501년부터 에스파냐 왕은 아메리카 대륙에 흑인 노예들을 보내는 것을 허락했어요. 사실 백인들이 새로운 질병들을 전염시키거나 못되게 굴어서 인디언들이 상당히 많이 줄어들었거든요. 그래서 유럽의 식민지 개척을 위해 백 년 동안 10만 명 이상의 흑인 노예들을 끔찍한 환경 속에서 아메리카 대륙으로 실어 날랐어요.

초기의 은행들

르네상스 때의 유럽에는 새로운 사회 계층이 생겨났어요. 사업가들과 은행이 생겨난 것을 말하는 거예요. 은행들은 돈을 바꿔 주고 자기들에게 맡겨진 돈을 관리하고 빌려 주기도 했어요. 일종의 수표인 어음이 있어서 여러 나라의 돈 때문에 혼잡해질 필요 없이 여러 다른 나라 사이에 돈이 유통될 수 있었어요. 이 시기에 보험이라는 것도 생겨서 육지나 바다를 통해 옮겨 가는 동안 귀한 물건들이 없어질까 봐 두려워하는 많은 상인들에게 도움을 주었지요.

구텐베르크

마인츠의 귀족 집안에서 태어난 요하네스 겐스플라이슈 주어 라덴은 그가 만든 멋진 거울 때문에 유명해졌어요. 하지만 그가 구텐베르크라는 이름으로 역사에 길이 남게 된 것은 다른 발명 때문이었어요. 바로 구텐베르크 덕분에 우리는 인쇄술을 쓸 수 있게 되었답니다.

당시에 알려져 있던 가장 오래된 인쇄 기술은 목판 인쇄였어요. 그런데 구텐베르크가 발명한 것은 금속으로 만든 활자 조판 인쇄였어요.

구텐베르크는 먼저 인쇄 활자들을 금속으로 만들어야겠다는 생각을 했어요. 금속 활자들은 옮겨 놓을 수도 있고 계속해서 다시 쓸 수도 있거든요. 구텐베르크가 두 번째로 한 천재적인 생각은 포도를 재배할 때 쓰는 압축기에서 영감을 얻은 거였어요. 그래서 활자들이 담겨 있는 판으로 종이에 글자를 찍어 내게 할 수 있는 압축 프레스를 만들었답니다.

그렇게 한 장 한 장 찍어 내서, 1456년 구텐베르크의 작업장에서 세계 최초로 인쇄기를 이용해 인쇄한 활자 책이 만들어졌어요. 무슨 책이었을까요? 바로 1,200쪽이나 되는 성경이었어요.

그로부터 25년 뒤에 유럽 전역에 십여 개의 인쇄소가 생겼어요. 그렇게 해서 1455년부터 1500년까지 2천만 권의 책이 인쇄되었답니다.

"책으로 역사에 혁명을 가져온 사람이지!"

인쇄 활자

구텐베르크는 깨끗하고 선명한 활자들을 만들어 내게 해 줄 합금을 발견하게 되기까지 아주 많은 연구를 하였답니다. 마침내 납, 주석, 안티몬을 섞어서 만들어 낸 합금을 쓰게 되었어요.

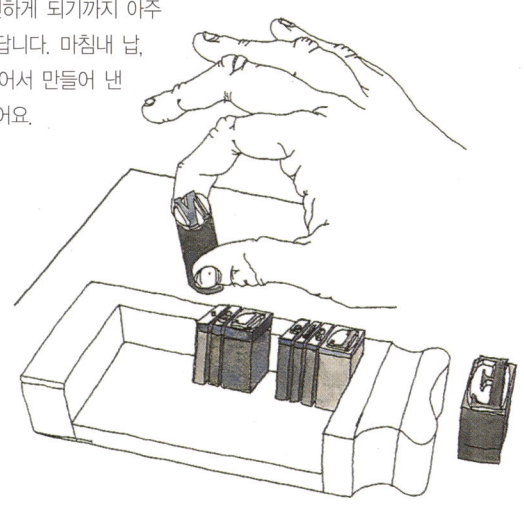

베끼는 작업을 하고 있는 수도사

중세에는 책들을 한 권씩 만들었어요. 수도사들이 양피지에다 종교적인 글을 베껴 적으면서 거기에 멋진 그림들이나 색칠한 그림들로 장식을 했어요. 이 책들은 수도원 도서실에 보관되었답니다. 그 책들을 보려면 이 수도원에서 저 수도원으로 옮겨 다녀야만 했어요.

단어를 만들기 위해서는 활자들을 하나씩 골라서 줄을 잘 맞춰 올바른 순서로 놓아야만 해요. 이 활자들을 나무로 된 틀 속에 줄을 맞추어 늘어놓은 다음 송진, 기름 검댕, 호두 기름 등을 섞은 인쇄 잉크를 바르게 돼요.

인쇄소

15세기에는 책을 인쇄하려면 할 일이 굉장히 많았어요. 단어 활자들을 만들고 줄을 맞춰 늘어놓고서 한 페이지씩 인쇄한 다음 틀린 글자가 없는지 다시 읽어 봐야 했어요. 만약 틀린 글자가 있으면 모든 걸 처음부터 다시 시작해야만 했지요. 구텐베르크가 만든 첫 성경은 이런 방법으로 해서 몇 년이나 걸려 만든 것이랍니다.

성경의 한 페이지

에라스무스

16세기에 유럽은 굉장한 사상의 흐름을 만나게 되었어요. 그건 바로 '인문주의'라는 거예요. 모든 영역과 모든 나라의 학자들, 예술가들, 작가들이 인간과 세계를 발견하기 위해 열광했어요. 그들은 모든 인간이 지식과 사고에 의해 자기 운명을 개척해 갈 수 있다고 믿었어요.

이런 박식한 학자들 중에서 '인문주의자들의 왕'이라는 별명을 얻은 사람이 있었는데, 그는 1469년에 네덜란드의 로테르담에서 태어난 데시데리우스 에라스무스였어요. 어느 사제의 사생아로 태어난 에라스무스는 일찍이 자기 아버지와 같은 직업을 선택하고는 떠도는 생활을 시작해서 유럽 곳곳을 다니게 된답니다.

에라스무스는 작가, 번역가, 출판인 일을 지치지도 않고 열심히 하면서 당시의 유명 인사들과 만나거나 편지를 주고받았어요. 에스파냐의 카를 5세가 황제가 되기 전에는 그의 상담자 역할도 했고, 헨리 8세의 초청을 받아 영국 왕궁에도 갔었지요. 프랑스의 프랑수아 1세는 프랑스 학술원을 만들었을 때 오로지 에라스무스에게만 맡아 달라고 간청했었답니다. 교황 바오로 3세는 에라스무스에게 추기경 모자를 씌워 주겠다고 제안하기도 했어요! 이런 영예 가운데서 에라스무스는 오직 자기 길만을 갔답니다. 고대의 글을 연구하고 성경을 그리스어로 번역했으며 여러 작품들을 라틴어로 써 냈어요. 이 특별한 인물은 1536년에 바젤에서 숨을 거두었습니다. 프랑스의 작가 라블레는 에라스무스에게 "현재의 나, 그리고 나의 모든 가치는 오로지 당신으로부터 얻은 것들입니다."라고 편지한 적이 있었답니다.

"책들을 출판할 때 나의 유일한 목표는 내가 한 일이 유익한 것이 되는 것이었다."

책은 사람들을 유혹하기도 하지만 위험하게 만들기도 하지요!

1520년부터 유럽에서는 종교적인 탄압의 분위기가 강해졌어요. 새로운 사상을 전파하고 있던 책은 가톨릭 교회에게 곧 염려의 대상이 되고야 말았어요. 많은 작가들뿐만 아니라 출판인들과 인쇄인들이 감옥에 갇히거나 처형되었고, 책들은 불에 태워졌답니다. 여러 인문주의자들이나 많은 신교도들이 가톨릭 교회의 징벌에서 구제될 수 있던 것은 순전히 고위층 인사들의 도움 덕분이었지요.

위대한 로렌초 데 메디치의 보호

자기가 쓴 글 때문에 가톨릭 교회에 의해 박해를 받고 있던 인문주의자들을 종종 보호해 준 사람들은 르네상스 시대의 고위층 인사들이었어요. 위대한 로렌초 데 메디치는 자신의 영토인 피렌체에 피코 델라 미란돌라를 맞아들였지요. 미란돌라는 학식이 넓고 아는 것이 많아서 유럽 전역에서 유명한 이탈리아 철학자였어요.

로렌초 데 메디치

에라스무스와 알두스 마누티우스와의 만남

에라스무스는 몇 년 동안 이탈리아에 머물렀어요. 에라스무스는 그때 베니스에 머물면서 유명한 출판인인 알두스 마누티우스와 함께 일하게 되었어요. 열정적인 사람이었던 알두스 마누티우스는 자기가 만든 책들의 질이나 모양, 그리고 활자에 대단히 신경을 썼어요. 책들의 장식을 위해 대단히 아름다운 판화도 만들었답니다. 손으로 쓴 글씨를 흉내 내어 흐리듯 꼬리를 남기는 이탤릭체 활자를 만든 사람이 바로 알두스 마누티우스예요.

알두스 마누티우스의 책에 있는 장식

라블레

라블레는〈팡타그뤼엘〉이라는 첫 소설을 출간할 때 알코피브라 나지에라는 필명을 썼어요. 이 책은 거인 가르강튀아의 아들 팡타그뤼엘이 프랑스의 대학들을 방문하기 위해 떠나서 겪게 되는 모험을 들려주고 있어요.

라블레의 어린 시절에 대해서는 알려진 것이 거의 없어요. 언제 태어났는지 정확한 날짜도 알지 못한답니다. 아마도 1483년에 시농 지방에서 태어났을 거라고 해요. 변호사의 아들이었던 라블레는 아주 젊었을 때 수도사가 되었어요. 수도원에서 보낸 몇 년간 이 미래의 작가는 법과 고대 언어, 특히 그리스어를 공부했어요. 이렇게 틀어박혀 사는 생활에 싫증이 나서 라블레는 몽펠리에 의과대학에 등록을 했어요. 그로부터 2년 뒤 라블레는 리옹의 시립 병원에서 의사로 일하기 위해 떠났어요. 같은 해에 라블레는 〈팡타그뤼엘〉을 출간했어요. 이 책에는 우스운 내용과 당시 사회에 대한 강한 비판이 뒤섞여 있어서 즉각 큰 성공을 얻었답니다. 이어서 세 작품이 출간되었는데, 그 제목은 〈가르강튀아〉, 〈3분의 1 책〉, 그리고 미완성으로 남겨진 〈4분의 1 책〉이에요.

1553년에 죽은 라블레는 살아 있을 때 자신의 작품들 때문에 여러 차례 붙잡혔는데, 프랑수아 1세를 포함한 고위층 인사들 덕분에 풀려나곤 했어요.

풍부한 언어, 굉장한 상상력, 그리고 낙관주의로 르네상스 시대의 가장 위대한 프랑스 작가로 꼽히고 있답니다.

> "울음보다 웃음을 글로 쓰는 것이 더 낫다. 왜냐하면 웃음이란 인간들에게만 있는 것이기 때문이다."

팡타그뤼엘을 발견한 프랑수아 1세

1534년, 프랑수아 1세는 가르강튀아의 모험 이야기를 듣다가 웃음을 터뜨렸답니다. 이 거인이 파리를 방문하여 노트르담 대성당의 탑 위에 올라가 군중들에게 오줌을 싸서 264,118명을 오줌에 빠져 허우적거리게 했거든요!

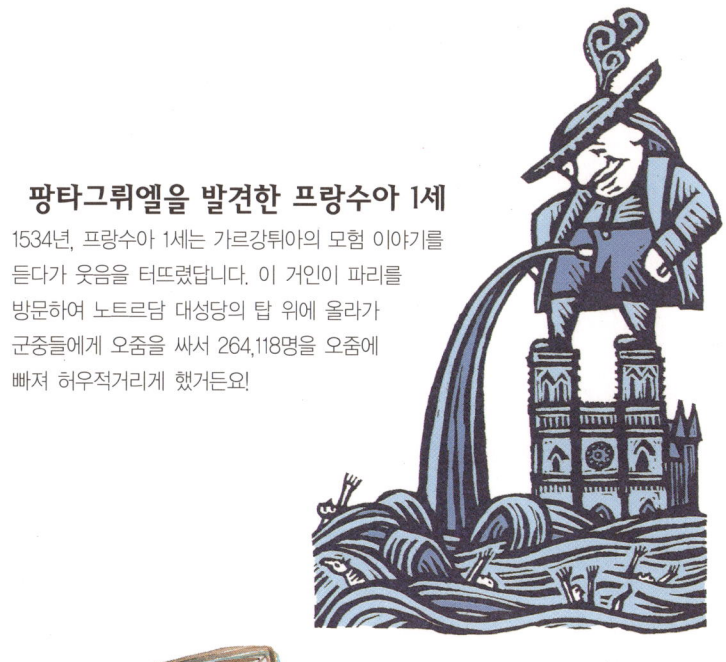

칠성시인(七星詩人)

16세기 중반에 일곱 명의 프랑스 시인들이 모여서 르네상스 시대의 진정한 문단을 형성하였어요. 그들 중에서 롱사르와 뒤벨레는 이탈리아의 새로운 문학을 열광적으로 찬미하고 그리스어와 라틴어 연구에 몰두하였어요. 그리고 프랑스어를 풍요롭게 만들기 위해, 잊혀져 버린 옛날 단어들을 다시 쓰자고 제안했을 뿐만 아니라 라틴어나 그리스어로부터 새로운 단어들을 만들어 내기도 했어요. 그래서 전보다 더 나아진 새로운 틀 속에서 다가오는 세기의 프랑스 문학이 발전하게 된답니다.

마르그리트 드 나바르

프랑수아 1세의 누이인 마르그리트 드 나바르는 당시에 가장 교육을 많이 받은 여자였어요. 72개의 단편소설을 써서 묶어 냈고, 평생 동안 많은 시들을 썼어요. 신앙 때문에 박해받고 있던 여러 신교도들을 구해 주었고, 책 내용 때문에 벌을 받게 된 많은 작가들을 보호해 주었어요. 그 작가들 중에는 〈3분의 1 책〉을 그녀에게 헌사했던 프랑수아 라블레도 있었답니다.

코페르니쿠스

니콜라우스 코페르니쿠스가 폴란드에서 태어난 1473년에는 우주 안에서 지구가 어떤 위치에 있는지에 대해 그 누구도 따질 생각을 하지 않았답니다. 성경에 쓰여 있는 대로, 지구는 우주의 중심에서 움직이지 않고 있다고 믿었으니까요.

무역상의 아들이었던 니콜라우스 코페르니쿠스는 열여덟 살에 전 유럽에서 유일하게 천문학을 가르치는 크라쿠프 대학에서 연구를 시작했어요. 거기에서 태양과 별들이 지구를 중심으로 돌고 있다고 배웠어요. 사람들은 고대로부터 그때까지 그렇게 알고 있었으니까요. 4년간의 공부를 마치고 나서 코페르니쿠스는 유럽을 돌아다니다가 이탈리아로 갔어요. 볼로냐에서 법학을 공부하고, 로마에서는 천문학 강의를 했으며, 파도바에서는 의과대학에 등록했어요. 그러다가 1503년 마침내 폴란드로 돌아왔어요. 고향으로 돌아온 코페르니쿠스는 천문대를 짓게 하여 36년간 별들을 연구했어요. 코페르니쿠스는 빠르게 자기 이론을 발전시켰어요. 라틴어로 쓴 〈별들의 운행에 관해서〉라는 책에서 "지구는 스스로 돌면서 태양 주위로 돌고 있다!"라고 발표했어요. 그런데 코페르니쿠스의 이론들은 성경에서 주장하고 있는 것들을 문제 삼게 만드는 내용이었어요. 코페르니쿠스가 쓴 글이 책으로 만들어져 그의 손에 쥐어지게 된 것은 그가 죽기 바로 몇 시간 전이었어요. 1543년 5월 24일이었답니다.

"지구의 중심은 우주의 중심이 아니다."

코페르니쿠스에 대한 비판

코페르니쿠스는 자신의 책에서 교황 바오로 3세에게 보내는 감사의 말을 쓰는 조심성을 보였어요. 그리고 자기 이론을 단순한 가설처럼 내세우는 신중함도 보였어요. 그런데도 불구하고 코페르니쿠스의 책은 가톨릭 교회의 비판을 받게 됐어요. 교황은 내용이 고쳐지지 않는 한 그 책의 배포를 금지시키라고 명했답니다. 교황은 전 유럽에 검열관들을 보내어 코페르니쿠스 책 속에서 성경에 써 있는 글들을 문제 삼고 있는 문장들을 다 없애 버리라고 지시했어요.

갈릴레이

1609년에 이탈리아의 물리학자이자 천문학자인 갈릴레이는 납으로 된 관 양쪽 끝에 광택을 지운 유리를 끼워 천체 망원경을 만들었어요. 이 기구 덕분에 갈릴레이는 그때까지 그 누구도 볼 수 없던 하늘의 모습을 관찰하고는 코페르니쿠스의 이론이 맞았음을 확인했어요. 몇 권의 책을 쓴 뒤에 갈릴레이는 종교재판에 넘겨져서 고문을 당했어요. 그런 뒤 갈릴레이는 자신의 생각들을 포기하고 교회가 강요한 대로 지구는 우주 한가운데서 움직이지 않고 있다고 말해야만 했어요. 갈릴레이는 피렌체의 교외에 있는 집에서 감시당하며 살다가 1642년 죽음을 맞이했답니다.

앙브루아즈 파레

나중에 네 명의 프랑스 왕의 주치의가 된 앙브루아즈 파레는 1509년 마이엔에서 태어났어요. 처음에는 요리사 조수 일을 하다가 마침내 아버지의 직업인 이발사를 선택하여 라발의 한 이발소에 견습생으로 들어가게 됐어요.

그 당시에 이발사들은 수염을 깎는 데 만족하지 않고 상처도 치료해 주었어요. 때에 따라서는 수술까지도 해 주었답니다. 앙브루아즈 파레는 겨우 스무 살이었을 때 파리에서 가장 큰 병원인 오텔-디외에 들어갔어요. 거기에서 무수히 많은 시체를 해부하여 인체에 관해 완벽한 지식을 습득하게 되었지요. 그리고 이 독학생은 라틴어나 그리스어를 모르는데도 1554년에 '외과 전문 박사' 자격을 얻었답니다. 앙브루아즈 파레는 근대적인 외과의 아버지로 여겨지면서 〈페스트, 천연두, 홍역에 관한 개론〉과 〈상처와 두개골 골절 치료 방법〉이라는 책을 포함하여 여러 권의 책을 남겼어요.

어느 날 프랑스 왕 샤를 9세가 앙브루아즈 파레에게 병원에 있는 가난한 사람들보다 왕인 자신을 좀 더 잘 치료해 달라고 요청하자 앙브루아즈 파레는 "그건 불가능합니다, 전하. 저는 그들도 왕들처럼 치료해 주고 있습니다."라고 감히 대답했다는 일화가 전해지고 있답니다.

"열심히 일하면 뭐든지 해낼 수 있다."

전쟁터에서의 앙브루아즈 파레

앙브루아즈 파레가 의사로서의 재능을 한껏 발휘한 곳은 전쟁터에서였어요. 총알을 빼내는 어려운 기술에서 특히 뛰어났답니다. 그리고 절단 수술을 할 때, 피를 멈추기 위해 당시에 일반적으로 쓰던 방법인 달군 쇠로 살을 태우는 수술법 대신에 동맥을 동여매는 방법을 쓰기도 했어요.

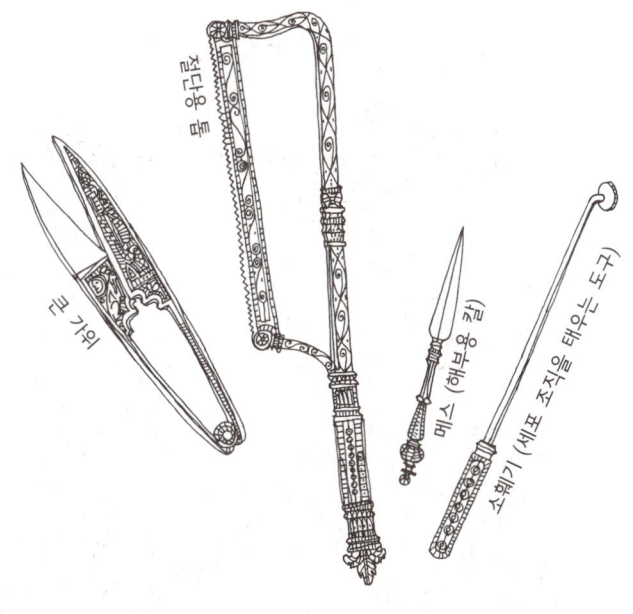

안드레아스 베살레

16세기에는 신체의 기능이 아직도 신비에 싸여 있었어요. 그런데 몇몇 의사들이 신체 연구를 하기 시작했어요. 그들 중 가장 유명한 사람은 벨기에의 브뤼셀에서 태어난 안드레아스 베살레였어요. 에스파냐의 카를 5세 담당 약사의 아들이었던 안드레아스 베살레는 프랑스 파리와 이탈리아의 파도바에서 의학을 공부했어요. 고위층의 굉장한 지지를 받고 있던 안드레아스 베살레는 처형당한 죄수들의 몸을 해부할 수 있는 권리를 갖고 있었어요. 어떤 때는 그가 해부하기 좋은 날짜로 처형을 미루기도 했답니다.

르네상스 시대의 치료 방법

르네상스 시대의 의사들이 처방하던 약에는 농축시킨 독사 가루, 갈아 놓은 지렁이, 사슴 뿔, 암말 우유에 녹인 협죽도과 식물 등이 들어가 있었어요. 하지만 가장 흔히 사용하던 방법은 피를 뽑아내는 것이었는데, 환자의 살에다 관을 고정시키고서 피를 빨아내서 몸 안의 독을 빼내는 것이었어요.

뒤러

독일의 뉘른베르크에서 1471년에 태어난 뒤러가 거울을 보면서 자기 초상화를 그린 것은 열세 살밖에 안 되었을 때였어요. 알브레히트 뒤러는 평생 동안 끊임없이 자기 그림들 속에서 자기 자신을 표현했답니다.

금은 세공사의 아들로 태어난 알브레히트 뒤러는 그림에 관심을 쏟았으며 아주 특별한 재능을 보였어요. 1490년에 뒤러는 살던 도시의 한 화가의 아틀리에에서 견습 과정을 마치자 공부를 하기 위해 여행을 떠났어요. 네덜란드, 프랑스를 거쳐 베네치아에 도착한 뒤러는 거기에서 이탈리아 미술의 거장들을 만나게 됐어요. 자기 나라로 돌아온 뒤러는 자신의 아틀리에를 열고 목판화와 동판화에 전념하였어요. 뒤러는 스물일곱 살에 벌써 다른 나라에까지 아주 유명한 사람이 되었답니다.

두 번째로 베네치아에 머물렀을 때에는 고위층 인사들의 초대를 받았고, 베네치아 시민이 되어 달라는 간청을 받았으나 아무 소용 없었죠. 뒤러는 여행을 계속하는 것을 택했어요. 그래서 볼로냐와 만토바를 거쳐 고향으로 돌아왔어요. 1512년에는 막시밀리안 황제를 위해 일했고, 막시밀리안의 후계자인 카를 5세로부터는 연금을 받게 된답니다.

모든 것에 호기심이 많았던 뒤러는 해부, 기하학, 수학에도 관심을 보였고, 미술에 관해서도 여러 편의 글을 썼어요. 1528년에 죽은 뒤러는 100점 이상의 그림과 약 2,000점의 소묘와 판화를 남겼습니다.

> "뒤러는 묘사할 수 없는 것을 그려 낼 수 있어서 모델의 목소리까지도 그려 냈다."
> 에라스무스

판화가 뒤러

1492년, 뒤러는 당시 독일 그림의 거장이었던 마르틴 숀가우어가 살고 있던 콜마르에서 자신의 그림 공부를 마치게 되기를 원했어요. 그런데 안타깝게도 숀가우어는 뒤러가 도착하기 조금 전에 죽고 만답니다. 그래서 뒤러는 형제 중 한 명이 판화 아틀리에를 하고 있는 바젤로 가기로 결정했어요. 뒤러는 아직 초보 단계에 있으면서도 굉장히 빨리 이 판화 기술을 혁신적으로 발전시켜서 많은 작품을 그려 출판하기에 이르렀어요. 1505년에 베네치아에 두 번째로 머물러 있을 때 뒤러는 자신의 명성이 국경 밖까지 퍼졌다는 것을 알게 됐어요. 왜냐하면 다른 나라에서 벌써 자기가 개발한 방식을 쓰고 있었거든요!

판화가의 인쇄기

뒤러와 자연

레오나르도 다 빈치와 마찬가지로 뒤러도 자연을 표현하는 데 열정적이었어요. 붓을 이용해서 자연의 모든 신비를 꿰뚫어 보려고 한 것이지요. 뒤러는 토끼, 가재, 바다코끼리, 돌고래 등 동물들도 많이 그렸어요. 그런데 뒤러는 늪으로 밀려온 고래 한 마리를 관찰하다가 열병에 걸려 죽게 된답니다.

부드러운 선의 판화

뷔렝(판화용 끌)으로 판화 판에 그림을 새기고, 판에 잉크를 묻힌 다음 닦아 냅니다. 그러면 뷔렝으로 패인 골에만 잉크가 남아 있게 돼요. 그러면 그 그림을 인쇄하면 되지요. 이런 판화 기술은 목판화보다 더 세밀한 그림을 그릴 수 있게 해 줍니다.

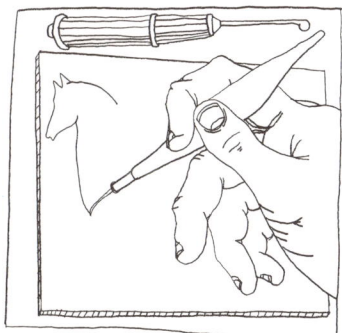

판화용 판

잉크를 묻히는 판

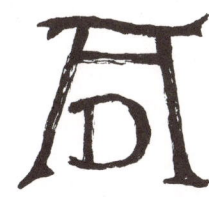

미켈란젤로

미켈란젤로는 1475년에 피렌체 교외에 사는 부유한 상인의 집에서 태어났어요. 보석 세공사의 아내였던 유모 집에 맡겨졌던 미켈란젤로는 아마도 그 집에서 그런 종류의 것들에 대한 관심이 커져갔을 거예요. 미켈란젤로는 후에 그런 재료들을 가지고 굉장한 작품들을 만들어 낸답니다. 조각에 대한 미켈란젤로의 재능은 정말 대단했어요.

미켈란젤로는 당시 피렌체를 통치하고 있던 로렌초 데 메디치의 눈에 아주 빨리 띄게 되었어요. 로렌초 데 메디치는 미켈란젤로를 자기 궁으로 오게 하여 자신이 보호하고 있던 재능 있는 젊은 예술가들과 만나게 해 주었어요. 몇 년 뒤 미켈란젤로는 자기 고향을 휩쓸었던 기근과 불안정을 피해 떠나야 했어요. 미켈란젤로는 1496년에 로마에 가서 대부분의 생애를 그곳에서 보내게 된답니다. 로마에 도착했을 때 미켈란젤로의 나이는 스물 한 살이었어요. 그때 첫 걸작을 만들게 되었지요. 그 걸작이 바로 유명한 '피에타'예요. 무릎에 죽은 아들을 안고 있는 성모 마리아의 조각이지요. 이 지칠 줄 모르는 예술가는 약 70년 동안 기념비적인 작품들을 여러 점 내놓았어요. 1564년에 미켈란젤로가 죽게 되자 로마와 피렌체는 그의 시체를 안치하는 영광을 누리려고 서로 다투었답니다. 결국 로마에 묻히게 되자 코시모 데 메디치는 상인들을 시켜서 미켈란젤로의 시체를 훔치게 했어요. 그래서 바로 행상 봇짐에 숨겨 옮겨진 이 위대한 예술가의 시체는 고향을 찾게 되고, 황제에게나 허락된 영예를 받으며 피렌체의 산타 크로체 교회에 안치되었습니다.

"조각은 그림의 빛이다."

지칠 줄 모르는 예술가

화가이자 조각가였던 미켈란젤로는 교황청의 공식 건축가이기도 했어요. 여러 건축물을 지도하였는데, 그 중의 하나가 로마에 있는 산 피에트로 대성당이에요. 미켈란젤로 이전에 벌써 일곱 명의 건축가들이 그 일을 이어 받아 했었지요. 미켈란젤로는 주로 둥근 천장을 만드는 데 주력했어요. 브루넬레스키에 의해 건축된 피렌체 대성당의 돔 형식에서 영감을 얻었던 거예요.

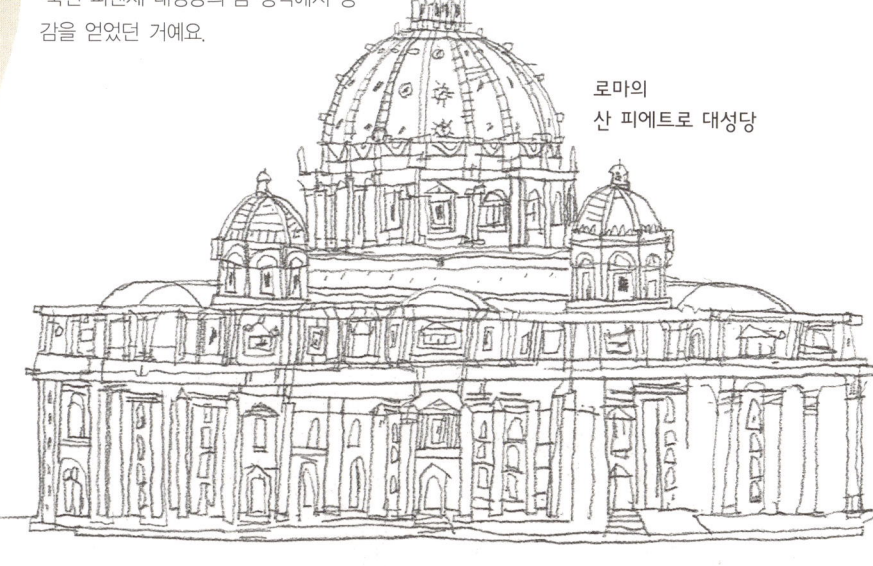

로마의 산 피에트로 대성당

시스티나 대성당의 천장

미켈란젤로는 38세에 교황 율리우스 2세에 의해 로마에 있는 시스티나 대성당의 천장에 프레스코화를 그리게 되었어요. 미켈란젤로는 거대한 계획을 진행시키기로 결정을 했답니다. 약 300명의 인물들을 등장시켜 천지 창조를 표현하는 아홉 개의 거대한 장면들을 그려내는 것이었어요! 이 작업은 4년간 지속되었고, 미켈란젤로는 완전히 지쳐 버렸지요. 천장에 그림을 그리기 위해 취해야 하는 자세 때문에 목덜미가 아프고 피로에 지친 것 말고도 미켈란젤로를 괴롭히는 것이 또 있었어요. 일이 더디다고 불평하면서 그림을 그리기 위해 올라가 있는 사다리에서 미켈란젤로를 떨어지게 만들겠다고 위협하는 교황의 분노에 맞서는 것이었지요!

프레스코화

프레스코는 이탈리아어인 'buon fresco'(부온 프레스코)에서 온 말이에요. 석회수에 풀어 놓은 색소를 아직 마르지 않은 석고 반죽 위에 바르는 것이에요. 색소가 잘 스며들게 하려면 반죽이 마르기 전에 색칠을 해야 한답니다.

아담의 창조

브루넬레스키

필리포 브루넬레스키는

14세기 이탈리아에서 특히 부유한 도시들 중 하나였던 피렌체에서 1377년에 태어났어요. 공증인의 아들이었던 필리포 브루넬레스키는 처음에는 금은 세공사 일을 하려 했다가 조각가로 바꾸었어요. 그러다가 결국 그 당시 모든 예술 중의 으뜸으로 여겨졌던 건축으로 돌아서게 되었답니다.

브루넬레스키는 과학과 수학에 대해 탄탄한 교육을 받고 원근법에 대한 연구를 했어요. 뿐만 아니라 로마에 여러 차례 머물면서 고대 유적들에 대해 열정도 보였어요.

1414년에는 피렌체 정부가 브루넬레스키에게 도움을 청했어요. 100년 이상 짓고 있던 산타 마리아 델 피오레 대성당을 어떻게 완성해야 하는지 아무도 알지 못하는 심각한 문제가 있었거든요. 브루넬레스키는 그 대성당 위에 40미터 높이의 둥근 지붕을 올리자고 제안했어요. 그렇게 해서 고대 이래로 가장 높게 세워진 둥근 천장을 만들고 싶었던 거예요. 그 작업은 16년이나 걸렸는데, 정말로 새로운 기술적 실험이기도 했어요. 브루넬레스키는 둥근 천장을 건축하는 데 필요한 재료들을 위로 올리기 위해 여러 종류의 기중기들을 발명해야 했어요. 브루넬레스키는 수많은 대성당과 작은 성당들을 건축했지만 가장 걸작으로 꼽히는 것은 피렌체 대성당(산타 마리아 델 피오레 대성당)의 둥근 지붕이에요. 르네상스 건축물 중 가장 훌륭한 것이며, 그것을 모델로 수없이 많은 건축물들이 생겨난답니다.

브루넬레스키는 1446년에 69세의 나이로 죽었는데, 그가 건축하던 둥근 지붕은 아직 완성되지 않았을 때죠. 대리석 채광창이 빠져 있었거든요. 그 채광창은 그로부터 20년 후에 끼워졌답니다.

천재적인 건축가

고대 문명의 재발견

이탈리아는 14세기부터 자기네 땅에 있는 고대 유적들에 대해 열렬한 관심을 보이기 시작했어요. 브루넬레스키는 거의 12년 동안 피렌체와 로마 사이를 여행하면서 고대 유적들의 건축과 비율에 대해 연구했어요.
브루넬레스키는 자기 눈으로 직접 이 과거의 놀라운 유적들을 연구하기 위해 이탈리아를 돌아다녔어요. 바로 그렇게 해서 그 어떤 예술가도 얻지 못한 영예를 안게 된 것이지요.

피렌체

필리포 브루넬레스키의 둥근 지붕

새로운 건축

르네상스 시기 동안 유럽은 온통 공사장이었어요. 여기저기서 권력가들이 성과 궁을 짓게 했거든요. 그들이 모델로 삼은 것은 이탈리아의 건축물이었어요. 고대 양식에서 영감을 얻은 우아함과 대칭적인 형태들을 추구했지요. 뾰족뾰족 튀어나온 탑을 특징으로 하여 외부의 침입을 방어하려는 듯한 높은 건물들은 이제 더 이상 짓지 않았어요! 르네상스 시대의 영주들은 분수들과 조각상들로 장식된 정원으로 둘러싸이고 빛이 환하게 넘쳐나는 쾌적한 저택에서 삶의 기쁨을 맛보고 싶어 했거든요.

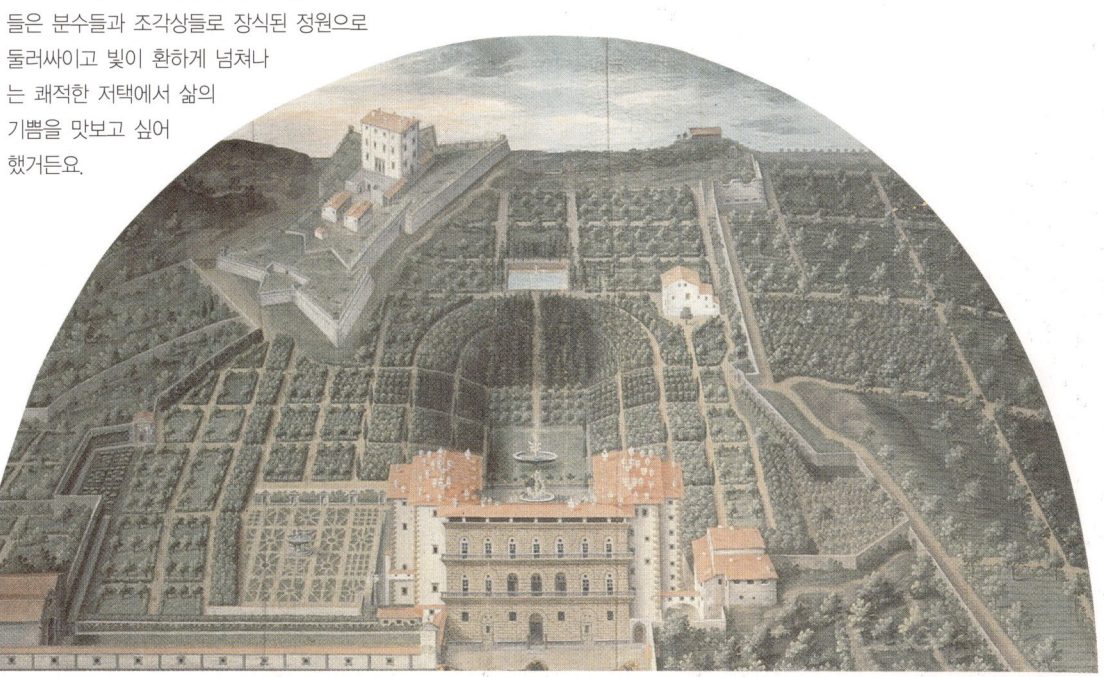

피렌체의 피티 궁
메디치 가의 저택

루터

1504년에 한 젊은 철학 교사가 자신에게 떨어진 끔찍한 벼락을 피하고 나서 수도사가 되겠다고 맹세했어요. 그는 유럽 전역에 아주 빠르게 전파된 새로운 종교인 개신교의 창시자가 된답니다.

구리를 녹이는 노동자의 아들로 태어난 이 젊은이는 1483년에 독일 작센안할트 지방의 한 촌락에서 태어났어요. 이 젊은이의 이름은 마르틴 루터랍니다. 1517년 10월 31일, 루터는 교회가 권력을 마음대로 휘두르는 것에 대해 분개하여 독일의 비텐베르크 성당 문 앞에 이를 고발하는 95개 논제에 대한 글을 붙여 놓았어요.

르네상스 시대의 교황들은 사실 모범적으로 덕성스러운 사람들이 아니었답니다! 교황들은 호화로운 생활을 하였고, 종종 자식들까지 있었으며, 아주 수상한 무역 관계에 관여해 있기도 했어요. 로마의 산 피에트로 대성당을 짓는 돈을 대기 위해 교황들은 '면죄부'도 팔았답니다. 면죄부에 대한 생각은 간단한 것이었어요. 만약 어떤 사람이 살인을 저지르고 나면 지옥의 불에 영원히 던져지는 것을 두려워하겠지요? 교황들은 이 벌을 피하기 위한 아주 간단한 방법을 제안했어요. 아주 비싸게 면죄부를 사면 죄를 지은 사람도 쉽게 천국에 갈 수 있다는 거였어요.

루터의 발표문은 아주 큰 반응을 불러일으켰어요. 루터는 교황청의 파문을 당했고, 카를 5세는 루터를 제국에서 추방하라는 명령을 내렸어요. 이것은 누구든지 아무 염려 없이 루터를 죽여도 된다는 것을 의미했어요. 하지만 루터는 '개혁'이라 불리던 신념에 뜻을 같이 하던 몇몇 독일 군주들의 보호를 받고 있었어요.

독일어로 번역한 성경 등 여러 권의 책을 썼던 마르틴 루터는 독일의 아이슬레벤에서 1546년에 죽었답니다.

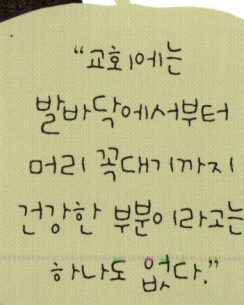

"교회에는 발바닥에서부터 머리 꼭대기까지 건강한 부분이라고는 하나도 없다."

면죄부 : 천국 한 귀퉁이를 얻기 위한 많은 금

성 바르톨로메오 대학살

개신교는 1520년대에 프랑스에 널리 퍼졌어요. 프랑수아 1세를 포함하여 몇몇 고위층 인사들은 개신교에 호의적이었어요. 그런데 1534년에 '벽보 사건'이 터지면서 새로운 종교의 신자들에 대한 박해가 시작되었어요. 가톨릭 교회를 비판하는 글이 왕이 살고 있던 앙부아즈 성 문에까지 붙어 있던 사건 때문이에요. 개신교도와의 싸움은 1572년 8월 24일에 성 바르톨로메오 대학살 사건 때 절정에 달했어요. 그때 왕이었던 샤를 9세의 명령으로 3,000명 이상의 개신교도를 죽였답니다.

쟝 칼뱅

루터의 뒤를 이어 다른 종교개혁가가 그의 교리를 퍼뜨리는 데 공헌하게 되었는데, 그 사람은 쟝 칼뱅이에요. 1509년에 프랑스의 피카르디 지방에서 태어난 이 인문주의자는 그리스어와 히브리어를 할 줄 알았고, 개신교에는 1533년에 가담했어요. 제네바에 불려간 칼뱅은 이 도시를 개신교의 진정한 수도로 만들어 놓았답니다. 칼뱅은 자기에게 반대하는 사람들을 망설이지 않고 추방하거나 죽게 만들었어요.

예수회

개신교를 믿는 사람들이 점점 많아지자 가톨릭 교회에서는 새로운 움직임을 펼치기로 결정했어요. 그래서 개신교도들은 종교재판에 회부되어 재판을 받았고 대부분 처형됐어요. 그들의 책도 불살라졌고요. 가톨릭 교회는 잃은 신자들을 다시 끌어오기 위해서 가톨릭 교회의 비리들에 대항해 싸우려고 애썼어요. 그래서 1540년에 새로운 종교 단체가 세워졌는데, 그것이 예수회랍니다. 가톨릭 선교사들을 조직하여 개신교가 퍼진 국가뿐만 아니라 남아메리카, 캐나다, 일본, 하다못해 중국에까지 가서 교리를 전하라는 임무를 내렸답니다.

르네상스 연표

1420   브루넬레스키가 피렌체 대성당의 둥근 천장을 건축하기 시작.

1449   '위대한 로렌초'라 불리는 로렌초 데 메디치 출생.

1453   백년전쟁 끝남.

1460   유럽에서 최초로 인쇄된 책인 구텐베르크 성경 출판.

1469   네덜란드 로테르담에서 에라스무스 출생.

1473   코페르니쿠스 출생.

1475   미켈란젤로 출생.

1492   크리스토퍼 콜럼버스, 바하마 도착.

1498   바스코 다 가마, 인도 도착.
           프랑스에서 루이 12세 통치 시작.

1506   레오나르도 다 빈치의 '모나리자의 미소' 완성.
           로마의 산 피에트로 대성당 건축 시작.

1509   영국의 헨리 8세 왕위에 오름.
           앙브루아즈 파레 출생.

1515   프랑수아 1세 프랑스 왕위에 오름. 마리냥 전투에서 승리.

1517   루터, 비텐베르크 교회 문에 '95개 논제' 붙임.

1519   레오나르도 다 빈치 죽음.
           에스파냐의 카를로스 1세가 카를 5세라는 이름으로 신성 로마 제국의 황제가 됨.
           마젤란에 의해 최초의 세계 일주 시도.

1520   프랑수아 1세와 헨리 8세 사이의 황금 천막 회담.

1524   샹보르 성 건축 시작.

1528   알브레히트 뒤러 죽음.

1532   라블레의 〈팡타그뤼엘〉 출간.

1534   벽보 사건.

1539   빌레르-코트레 칙령.

1540   예수회 창건.

1547   프랑수아 1세 죽음. 그의 아들이 앙리 3세라는 이름으로 프랑스 왕위 계승.

1559   프랑수아 2세 프랑스 왕위에 오름.

1560   프랑수아 2세의 동생인 샤를 9세 통치 시작.

1566   페스트로 파리에서 14,000여 명 죽음.

1572   성 바르톨로메오 대학살.